CHERI FULLER

Maternidad 101

Inspiración,

y sabiduría para

convertirte en

una excelente

mamá.

EDITORIAL UNILIT

HB HONOR BOOKS

Publicado por
Editorial Unilit
Miami, Fl. 33172
© 2002 Editorial Unilit (Spanish translation)
Derechos reservados

Primera edición 2002

© 1997 por Cheri Fuller
P. O. Box 770493, Oklahoma City, Oklahoma 73177.
Originalmente publicado en inglés con el título: *Motherhood 101, Inspiration and Wisdom to Help You Become a Great Mom* por Honor Books Publishing, P. O. Box 55388, Tulsa, Oklahoma, 74155, USA. Todos los derechos reservados.

Proyecto conjunto con la agencia literaria de Alive Communications, Inc.,
1465 Kelly Johnson Blvd., Suite 320, Colorado Springs, CO 80920.

Disponible en otros idiomas en Access Sales International (ASI)
P. O. Box 700143, Tulsa, OK 74170-0143, USA, Fax #918-496-2822.

Traducido al español por: Raquel de la Calle

Texto bíblico tomado de la Santa Biblia, revisión 1960, © Sociedades Bíblicas Unidas, "Biblia de las Américas", © 1986 The Lockman Foundation, y "La Biblia al Día", © 1979 International Bible Society. Usadas con permiso.

Producto 498358
ISBN 0-7899-0797-6
Impreso en Colombia
Printed in Colombia

Introducción

La mayoría de nosotras, las madres, estamos extremadamente ocupadas tratando de proporcionarle un hogar a nuestras familias. Cocinamos, llevamos los niños a todas partes y algunas hacemos malabarismos para trabajar en algún negocio dentro del hogar o salimos a trabajar fuera de la casa. Muchas les dan clases a sus hijos en las casas y otras tantas trabajan de voluntarias en las escuelas a las que asisten los hijos. Y tal vez, como a mí me pasa, muchas veces no te alcance el tiempo y sin embargo, quieres ser la mejor madre posible. Es entonces que este libro se hace útil dándote joyas de sabiduría, humor y estímulo en el tema que nos toca el corazón más de cerca: ¡Ser madre!

En las siguientes páginas encontrarás citas y pasajes inspiradores referentes a los asuntos relacionados a la maternidad. Después de la cita se encuentra la aplicación práctica sobre el tema. Encontrarás humor para aliviar tus cargas y expresiones concisas de mujeres y caballeros muy sabios. (¡No queremos dejar fuera a los hombres!)

Muchas de estas declaraciones perspicaces están pegadas a mi refrigerador o a una tablilla que tengo y probaron ser muy útiles para criar a mis tres hijos. Otras son citas derivadas de mis conferencias o escritos. Estas te darán una mejor idea del peregrinaje de una madre. Si tienes hijos pequeños y encuentras una cita que se ajusta mejor a los niños mayores, disfrútala y guárdala para otro día *¡que llegará antes de lo que te imaginas!* Guarda en un diario tus «tesoros» de interrogantes para reflexionar, o simplemente haz una lista de cosas a medida que las vas pensando: Dones y talentos de cada hijo o bendiciones que hayas recibido.

La maternidad es un proceso de aprendizaje y día a día, según crecen nuestros hijos, también crecemos nosotras. Cuando cargamos a nuestros «pequeñitos» por primera vez, no comprendemos cuánta sabiduría, destreza y paciencia necesitaremos. A través de los años nuestros corazones se ensanchan y desarrollamos relaciones con los demás y con Dios que nos dan la fortaleza, el amor y la perseverancia que necesitamos para cada día.

Espero que este libro te dé muchas ideas prácticas y creativas, que te animen en tu empeño de criar hijos con valores y propósitos perdurables —¡y que te *diviertas* a lo largo del camino!

*R*ecuerda que mientras alimentas, enseñas, educas, alivias un dolor, aseas y amas a tus hijos, estás haciendo el trabajo más importante del planeta: ¡Formar la nueva generación! Dentro de cien años no importará cuánto dinero tenías en tu cuenta de cheques, qué clase de casa vivías o qué auto manejabas, sin embargo, el mundo será diferente gracias a tu influencia en la vida de un niño.

6

*S*i animamos a nuestros hijos, crecerán con confianza y se animarán a sí mismos. Algún día, cuando más lo necesites y menos lo esperes, tu hijo o hija estará a tu lado diciéndote las palabras exactas que necesitas para alentarte a seguir adelante o para enfrentar una prueba.

CHERI FULLER

¡Una palabra de aliento produce maravillas!
Proverbios 12:25 (BD)

Cuando tus hijos lleguen a la casa, aliéntalos
con una sonrisa. Hoy y todos los días, diles palabras
positivas, estimulantes como por ejemplo:
«Hiciste un trabajo fantástico», «Eres una bendición»,
«Sabía que podrías hacerlo» y «¡Perfecto!»

7

8

*U*n abrazo puede aliviar el dolor de un pequeño
y traer un arco iris después de la tormenta.
¡El abrazo! No hay duda alguna al respecto...
Un abrazo regocija, alegra y deleita, debe ser
por eso que Dios nos dio los brazos.

ANÓNIMO

Y tomó a los niños en los brazos, les puso las manos encima y los bendijo.
Marcos 10:16 (BD)

Extiende hoy tus brazos y dale uno o dos abrazos
a alguien. Las investigaciones demuestran que una
persona necesita, por lo menos, cuatro abrazos al día.

*N*o apreciamos verdaderamente
el amor de nuestras madres
hasta convertirnos en madres.

CHERI FULLER

Como aquel a quien consuela su madre, así os consolaré.
Isaías 66:13 (RV 1960)

Aunque al parecer nadie reconoce tu «trabajo de amor», puedes estar segura de que tu Padre celestial sí reconoce y aprecia toda tu entrega, tu amor, todo lo que cocinas, las veces que llevas a tus hijos de un lado a otro y los cuidados que les brindas. Sería bueno que hoy le escribieras una carta a tu mamá agradeciéndole la nobleza de su carácter, las galletitas que horneó, las reuniones de tu escuela a las que asistió, las fiestas de los cumpleaños que te celebró y todos los recuerdos de tu niñez.

11

*C*omo madre debo hacer mi trabajo fiel, paciente,
amorosa y felizmente. Después esperaré con
tranquilidad que Dios haga el de Él.

RUTH BELL GRAHAM

Instruye al niño en su camino,
y aun cuando fuere viejo no se apartará de él.

Proverbios 22:6 *(RV 1960)*

*E*n este tiempo de la crianza, ora pidiendo
sabiduría para saber cuál es tu parte y cuál es la parte
de Dios. Pide sabiduría para conocer la diferencia,
y paciencia para esperar en Él.

13

*T*u vocación está donde Dios te puso.
No es lo que hacemos, sino cuánto amor ponemos
en lo que hacemos.

14

MADRE TERESA

Observa minuciosamente cuanto sucede en su casa, y jamás está ociosa.
Sus hijos se levantan y la bendicen; lo mismo su marido.

Proverbios 31:27, 28 (BD)

¿*D*ónde te puso Dios en esta etapa de tu vida?
Si eres esposa y madre, acepta este llamado y
pon tu corazón y amor en ello. Si eres una madre
soltera que trabaja tiempo completo o parcial, pon tu
corazón en esta vocación y ten presente que Dios
tiene suficiente gracia y amor que darte.

*S*olo las puertas abiertas pueden recibir visitantes.
Solo las manos abiertas pueden recibir regalos.
Solo las mentes abiertas pueden recibir sabiduría.
Solo los corazones abiertos pueden recibir amor.

JOAN WALSH ANGLUND

*Brinden espontáneamente sus hogares a los que alguna
vez puedan necesitar albergue o un plato de comida.*
1 Pedro 4:9 (BD)

Invita a alguien nuevo a cenar, o lleva alimentos
a alguien en necesidad. Deja que tu casa sea un lugar
donde los amigos de tus hijos se sientan a gusto.
Dales la bienvenida y pregúntales cómo les va.
¡Abre hoy tu corazón un poquito más!

18

*P*ienso que en algún lugar debe estar escrito que las virtudes de las madres visitarán a los hijos.

CHARLES DICKENS

Las ancianas asimismo sean reverentes en su porte;
no calumniadoras, no esclavas del vino, maestras del bien.

Tito 2:3 (RV 1960)

$\mathscr{B}$usca una «mujer más vieja», una mujer
que lleve más tiempo en el peregrinaje de la crianza
de los hijos. Pídele que sea tu mentora, que te
imparta su sabiduría y experiencia para llegar
a ser una esposa y madre piadosa. Si conoces
a una madre más joven que tenga tal necesidad,
toma la iniciativa y acércate a ella.

19

20

*L*o que una madre debe ahorrar
para un día difícil es paciencia.

AUTOR DESCONOCIDO

Con toda humildad y mansedumbre, soportándoos
en paciencia los unos a los otros en amor.
Efesios 4:2 (RV 1960)

En un día frío o lluvioso, de esos que hay que quedarse en casa, dale a tu niño una sábana vieja para poner sobre una mesa, algunas almohaditas, unos libros que le gusten y unas golosinas en su bolsita para almuerzos. Con este «escondite para días lluviosos», el día será mucho más placentero.

21

*M*i pequeño Donny, sentado sobre mi regazo en el asiento delantero del auto, me dijo: «Mami, cuando sea grande me voy a casar contigo». «No, mi vida, no puedes hacer eso. Ya yo me casé». «¿Te casaste?», preguntó.

22

Veinte años se esfumaron y ya él se casó.

¡Qué poco duran estos momentos!

THELMA AVORE

Los hijos son un regalo de Dios; recompensa suya son.
Salmo 127:3 (BD)

*S*iempre que puedas toma las manos de tu niño
o siéntalo en tu regazo. ¡Dentro de muy poco tiempo
no te dejará tomarlo de la mano o será muy grande
para sentarlo en tu regazo!

23

¿*P*or qué orar por sus futuros esposos, si todavía nuestras hijas son pequeñas? Porque en algún lugar del mundo esos futuros esposos... son también niños pequeños. Con las presiones que tiene este mundo, esos niños necesitan muchísima oración... Aunque yo no sepa por quién estoy orando, Dios sí lo sabe.

24

AL MENCONI

Por este niño oraba, y el Señor me ha concedido la petición que le hice.
1 Samuel 1:27 (BLA)

$\mathcal{D}$esde hoy ora por el esposo o la esposa de tus hijos. Ora rogando que en su perfecto momento Dios les dé una pareja para toda la vida y que Jesucristo sea el centro de sus relaciones y de sus hogares.

25

*A*ntes de poder *decir* cosas amables, un niño es capaz de entender la sonrisa perdonadora en el rostro de su madre; antes de poder *deletrear* la palabra Dios, siente que la ansiedad de su madre se disipa a medida que habla con Alguien que él no puede ver.

Antes de poder *entender* el concepto de amor, se puede acurrucar cerca del corazón de su madre, rodeado con la firme seguridad de la pertenencia.

JILL BRISCOE

Como en el agua el rostro corresponde al rostro, así el corazón del hombre al del hombre.

Proverbios 27:19 (RV 1960)

¿*Q*ué mensajes brindan tus expresiones faciales a tu hijo? ¿Qué sabe tu hijo acerca de tu relación con Dios? ¿Tiene tu hijo la oportunidad de sentir esa sensación de pertenencia al acurrucarse en tu regazo? Dale hoy una oportunidad.

27

28

¡*S*in una sonrisa,
nunca se está completamente vestido!

MARTIN CHARNIN

*Cuando estaban desalentados, yo les sonreía
y eso los animaba y les levantaba el espíritu.*

Job 29:24 (BD)

Cuando los niños son pequeños y tienen malas actitudes, llévalos a la cocina, abre una gaveta de la alacena, saca una sonrisa imaginaria y pónsela. La tontería de la acción casi siempre cambia el ceño fruncido.

29

El Día de las Madres es ese momento feliz,
cuando nuestros hijos nos sorprenden diciéndonos:
«Te quiero mucho» o «Gracias»
o «¡Eres una mamá estupenda!»

CHERI FULLER

*Sean como una familia grande, feliz, compasiva,
donde reine el amor fraternal. Sean cariñosos y humildes.*
1 Pedro 3:8 (BD)

*S*elecciona tu tarjeta de felicitación favorita entre
las tantas que has recibido de tus hijos por el Día
de las Madres o por un cumpleaños. Colócala
en un marco y cuélgala en tu cuarto. Esto les dejará
saber que tú los amas y que realmente te gustó
la tarjeta que escogieron o su creatividad.
La autoestima y confianza les subirá como un cohete.
(¡Esto también funciona con los esposos!)

La**s cadenas de oraciones de las madres
eslabonan a sus hijos con Dios.**

AUTOR DESCONOCIDO

El Señor cuida a sus hijos y está atento a sus oraciones.
1 Pedro 3:12 (BD)

*O*ra por cada uno de tus hijos mientras estés realizando una tarea o actividad diaria: Por el mayor, mientras pones la mesa para desayunar, por el más pequeño, mientras cocinas, por el mediano, mientras lavas la ropa. Te sorprenderá notar la importancia que cobrará cada una de esas faenas.

33

El tiempo pasa volando,
¡y hay tanto que enseñar a nuestros hijos!

ERMA BOMBECK

*Cuidado cómo viven ustedes. Sean sabios,
no ignorantes; aprovechen bien el tiempo.*

Efesios 5:15, 16 (BD)

Vela los «buenos momentos para enseñar»,
esas oportunidades naturales para hablar a tus hijos
acerca de tus valores, conocimientos e ideas;
los momentos para estimular su curiosidad innata
contestándoles preguntas acerca de cómo se forman
las nubes y por qué hay relámpagos.

*Q*uizás tengas incalculables riquezas, fabulosas joyas y cofres de oro. Pero más rica que yo nunca serás, tuve una madre que me *leía*.

STRICKLAND GILLILAN

Sé ejemplo de los fieles en la forma en que enseñas y vives,
en el amor y en la pureza de tus pensamientos.
Mientras llego, ocúpate de leer, predicar y enseñar las Escrituras.

1 Timoteo 4:12,13 (BD)

en una cesta con libros al lado de la cama de tu hijo y antes de dormir, reserva veinte o treinta minutos para leerle historias que hagan volar su imaginación, historias bíblicas y poesías. Lee un libro de algún tema que no hayas explorado.

37

$\mathcal{L}$os paseos y las conversaciones que tengamos
con nuestros pequeños de dos años
tendrán una gran influencia en los valores
que ellos tengan cuando sean adultos.

EDITH F. HUNTER

Sustenta mis pasos en tus caminos, para que mis pies no resbalen.
Salmo 17:5 (RV 1960)

Aparta un tiempo para caminar juntos
alrededor de la manzana en los días soleados,
para chapotear en los charcos en los días lluviosos
o para caminar y conversar a la orilla de un lago
mientras alimentan a los patitos.

39

*L*os discos con canciones de cuna
y otras grabaciones musicales son fantásticos,
pero no reemplazan la voz de una madre
cuando le canta a su pequeñito
para que se duerma o para aliviar su fiebre.

CHERI FULLER

Canten de júbilo mientras reposan en su lecho.
Salmo 149:5 (BD)

Cuando tu bebé está intranquilo y necesita calmarse, cuando le cambias el pañal y lo alimentas y lo atiendes, o cuando vaya contigo en el auto por las mañanas, canta sus canciones infantiles preferidas y compón alguna melodía que le diga: «Eres mi alegría, eres mi sol!»

41

*M*úsica es... tocar tu propia melodía
siguiendo el compás del resto de la orquesta.

42

AUTOR DESCONOCIDO

Entonemos nuestra alabanza al son del arpa.
Resuenen las cornetas y trompetas.
¡Constituyan una jubilosa sinfonía ante el Señor, el Rey!

Salmo 98: 5,6 (BD)

*J*untos, toquen música utilizando los materiales
que haya en la casa para hacer instrumentos rítmicos:
Maracas, con arroz dentro de una vasija plástica
tapada; castañuelas, con dos cucharas de madera;
y tambores, de una lata redonda de avena. Toquen
música y deja que tu niño lleve el compás
de la música. ¡Marchen con la música y
disfruten de un buen rato juntos!

*L*as cosas mejores y más hermosas del mundo
no se pueden ver ni tocar.
Tienen que sentirse con el corazón.

HELEN KELLER

El corazón alegre hermosea el rostro.
Proverbios 15:13 (RV 1960)

*N*o son las grandes cosas las que dan felicidad y seguridad a un niño; es el cúmulo diario de pequeñas cosas, como una tortita con crema especial en un día festivo, un viaje de sorpresa a un parque de distracciones, o tirarse la pelota en el patio de la casa.

45

*S*i me dieran la oportunidad de hacer un regalo a la futura generación, le regalaría a cada persona la habilidad de aprender a reírse de ella misma.

46

CHARLES SCHULTZ

El corazón alegre sana como medicina.
Proverbios 17:22 (BD)

Regala a tus hijos cómo aprender a reírse de ellos
mismos haciéndoles historias cómicas acerca
de grandes o pequeños errores que hayas cometido.
Muéstrales que tú puedes reírte de ti misma.

47

$\mathcal{D}$eja que los niños se rían y se alegren... Déjalos
tener ahora una risa genuina. Ríe con ellos,
hasta llorar de la risa... hasta que se establezca
el recuerdo indestructible, personal y eterno
de un puro deleite y una preciosa relación.

WALTER WANGERIN

Grandes cosas ha hecho el Señor con nosotros, estaremos alegres.
Salmo 126:3 (BLA)

 uando en el trabajo o en la familia percibas
situaciones cómicas, ¡cuéntaselas a los niños!
A la hora de la comida trae tiras cómicas,
adivinanzas y otras cosas «divertidas para la familia».
Y cuando tus hijos se rían, ¡relájate y ríete con ellos!

49

50

*C*ontar historias encierra un gran valor:
El entretenimiento y total deleite que trae al niño
un cuento bien contado. Un cuento es un regalo
de amor de los padres para los hijos,
de los abuelos para los nietos.

CHERI FULLER

*Te enseñaré lecciones sacadas de la historia, relatos transmitidos
por las generaciones pasadas. Voy a revelarte estas verdades
para que puedas describirles a tus hijos estos gloriosos hechos de Jehová.*

Salmos 78:2-4 (BD)

*Y*a sea una historia seria (con un mensaje o moraleja) o frívola (completamente en broma), la más intrigante para un pequeñito es la historia imaginaria. Quizás se pueda confeccionar de experiencias actuales o relacionadas con el pasado. Por supuesto, la característica más importante del cuento es que esté centrado en un niño, quien «milagrosamente» se parece al oyente.

51

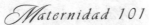

*U*n bebé es...

Un beso tirado del cielo
de la mano de Dios.

Un ángel cuyas alas se reducen
a medida que crecen sus piernas.

AUTOR DESCONOCIDO
(AMBAS CITAS)

$\mathcal{D}$isfruta los años de crecimiento de tus hijos.

- Toma muchas fotografías de tus hijos, hasta de cuando están durmiendo (para que recuerdes esos momentos de paz).

- Prepara una fiesta de sorpresa para el osito de peluche, una merienda a orillas de un lago o sencillamente sírveles unas chucherías.

- Juega con ellos alguno de sus juegos o colorea una página en los libros para colorear.

¡Los años pasan tan rápido!

53

*L*os niños son como las plantas, para que florezcan
necesitan regarse (elogiarlos), bañarlos con el sol brillante
(animarlos) y enraizarlos en amor (enseñarles el amor
incondicional de Dios a través del amor de sus padres).

TAMMY LOVELL

Y si así viste Dios la hierba que hoy está en el campo,
y mañana es echada al horno, ¿cuánto más a vosotros, hombres de poca fe?
Lucas 12:28 (RV 1960)

Elogia a tus hijos por las cualidades interiores
que tú quieres que tengan (alegría, perseverancia,
bondad, etc.) y no solo por los logros exteriores.
Permite que tu estímulo sea firme y cálido
como un día de verano. ¡Afiánzalos en el amor
de Dios y confía en Él para que traiga
una cosecha abundante a sus vidas!

55

*N*o escondas tus talentos.
Se hicieron para usarlos.
¿Para qué sirve tener a la sombra un reloj de sol?

56

BENJAMIN FRANKLIN

*Cada uno según el don que ha recibido, minístrelo a los otros,
como buenos administradores de la multiforme gracia de Dios.*
1 Pedro 4:10 (RV 1960)

Busca los talentos de tus hijos y déjales saber que lo que hacen es importante para ti. ¿Él escribe poemas? Puedes decirle: «Déjame leer tu último poema». ¿Ella pinta, juega tenis o le gusta inventar aparatos nuevos? Anímalos a desarrollar las habilidades y los dones y dales la oportunidad de usarlos en la casa, en la iglesia y en la escuela.

*S*olo si el tanque emocional de un niño está lleno,
se puede esperar de él que haga y sea lo mejor.

DR. ROSS CAMPBELL

El que ama es fiel a ese amor, cuéstele lo que le cueste;
siempre confía en la persona amada,
espera de ella lo mejor y la defiende con firmeza.

1 Corintios 13:7 (BD)

$\mathcal{L}$ lena el tanque emocional de tu jovencito prestándole una completa atención. Una atención total, sin distracciones, incluso durante unos pocos momentos al día, lo harán sentir que es realmente amado y digno del tiempo, cuidado y cariño que empleaste en él.

59

60

*L*a mejor manera de preparar a nuestros hijos
para el futuro es haciéndolos atesorar
la Palabra de Dios en sus corazones.

CHERI FULLER

Me deleito en hacer tu voluntad, Dios mío,
porque tengo tu ley escrita en mi corazón.

Salmo 40:8 (BD)

Haz que tus hijos escriban en un papel un versículo bíblico para la semana. Luego colócalo dentro de un globo e ínflalo. Cuando puedan decir el versículo de memoria, dales el globo para que lo exploten y peguen el versículo en sus almanaques.

61

*L*os niños son islas de curiosidades
rodeados de un mar de signos de interrogaciones.

AUTOR DESCONOCIDO

Si alguno de vosotros tiene falta de sabiduría,
pídala a Dios, el cual da a todos abundantemente
y sin reproche, y le será dada.

Santiago 1:5 (RV 1960)

$\mathscr{C}$uando tu hijo haga una pregunta, ¡muéstrate entusiasta! Si no sabes la respuesta o no tienes un libro donde investigarla, escríbela en una tarjeta (siempre ten algunas en la cocina). La próxima vez que tú y tu hijo estén cerca de la biblioteca, saca la tarjeta con la pregunta y ¡descubran juntos la respuesta!

63

*N*unca esperes por un momento o lugar
adecuado para hablar con Dios. Esperar hasta ir
a la iglesia o a tu ropero es hacerlo esperar.
Él te escucha mientras caminas.

GEORGE MACDONALD

¡Cuán bienaventurado es el pueblo que sabe lo que es la voz de júbilo!
Andan, Señor a la luz de tu rostro. En tu nombre se regocijan todo el día.

Salmos 89:15, 16 (BLA)

*O*ra mientras das una caminata. Háblale a Dios acerca de cada uno de tus hijos, tu esposo y cada una de tus preocupaciones. Sigue dialogando con Él mientras caminas, trabajas y atiendes a tu familia durante el resto del día. Debes saber que lo puedes adorar mediante cualquier faena que le consagres.

*L*as palabras amables que se digan hoy
darán su fruto mañana.

CHERI FULLER

Nunca dejes de ser veraz y bondadoso.
Aférrate a estas virtudes.
Escríbelas en lo profundo de tu corazón.

Proverbios 3:3 (BD)

$\mathscr{R}$ecuerda y reconoce las cosas buenas que hace tu hijo. Sustituye las palabras para criticarlo con frases (en forma regular) como estas: «Verdaderamente estás creciendo» o «Estás haciendo un buen trabajo con tus asignaciones», o «Realmente aprecio tu (humor, perseverancia, bondad)». Después observa cómo aumentan su motivación y su seguridad.

*M*amá iba a todas mis presentaciones.
Dirigía la risa y los aplausos.
Si alguien hablaba muy alto o tosía,
mi mamá lo hacía callar con una mirada severa.

68

MILTON BERLE

*Cada uno interésese no solo en lo suyo
sino también en lo de los demás.*
Filipenses 2:4 (BD)

*A*siste a tantos programas de la escuela
de tus hijos como puedas. Si están participando
en una obra de teatro, en una actividad deportiva
o en un programa de música, asiste.
Tal vez no te digan «Gracias por venir»,
¡pero sus ojos siempre te estarán buscando!

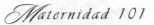

*L*a calidez de un hogar no siempre
la determina el sistema de calefacción.

AUTOR DESCONOCIDO

*Con sabiduría se edificará la casa,
y con prudencia se afirmará;
y con ciencia se llenarán las cámaras
de todo bien preciado y agradable.*

Proverbios 24:3,4 (RV 1960)

*A*umenta la calidez de tu hogar con más abrazos
y afecto físico, más elogios y comentarios positivos
y más oraciones y más risas.

71

*L*os niños son los mensajes vivientes
que enviamos a una época que no veremos.

JOHN WHITEHEAD

De esto contaréis a vuestros hijos,
y vuestros hijos a sus hijos, y sus hijos a la otra generación.
Joel 1:3 (RV 1960)

antén las tradiciones familiares a través de los años,
como leer la historia de la Navidad en la Biblia, hacer una
torta especial para los cumpleaños con una nota firmada por
cada uno de los miembros de la familia expresándole afecto
a la persona que cumple años, o decorar el arbolito
de Navidad al día siguiente del Día de Acción de Gracias.
Las tradiciones no solo transmiten importantes valores
y creencias a tus hijos, sino que de generación
en generación también fortalecen los lazos familiares.

73

*E*l aprendizaje te marca con sus momentos.
El aprendizaje de la niñez está hecho de momentos.
No es constante. Es *una pulsación*.

EUDORA WELTY

Tan grande fue nuestro amor, tanto los queríamos a ustedes,
que con gusto les habríamos dado no soló el evangelio
sino nuestras propias vidas.

1 Tesalonicenses 2:8 (BD)

Aprovecha unos momentos con tus hijos
para contemplar el aterciopelado cielo oscuro
en la noche, para poner narcisos amarillos acabados
de cortar en un búcaro y dibujarlos en un papel,
o acurrucarte en un esponjoso edredón y leer libros
encantadores en voz alta. A la larga, estas actividades
producirán un mayor impacto que el aprendizaje
en un salón de clases.

75

*T*odos tenemos historias que contar,
un cofre con tesoros que abrirles a nuestros hijos.
Cada persona tiene un rico almacén de cuentos:
Historias de huesos rotos y de las primeras citas,
penas y alegrías, de adversidades
superadas y de confianza en Dios.

CHERI FULLER

Preciosa herencia es tener un padre honrado.
Proverbios 20:7 (BD)

*A*provecha el tiempo de los viajes o gestiones en el auto para contarles a tus hijos las historias de tu niñez.

- Travesuras que hiciste y accidentes que tuviste.
- La primera vez que te dieron puntos o saliste con un ojo morado.
- Cuando aceptaste a Jesús en tu corazón.
- Tu primera experiencia en un campamento.
- La primera Navidad que recuerdas.

*U*na promesa debe hacerse con precaución
y mantenerse con cuidado.

AUTOR DESCONOCIDO

*El que no da el regalo prometido, es como una nube
que pasa sobre el desierto sin dejar caer lluvia.*

Proverbios 25:14 (BD)

78

ntes de prometerle una actividad o premio a tus hijos, piénsalo bien. ¿Lo puedes cumplir? Entonces cumple tu promesa —aunque te sea difícil— y edificarás en ellos un sólido sentido de confianza.

79

«¿*A* qué se parece criar a un adolescente?»,
me preguntó una vez un padre. «Bueno», le respondí,
«¿te acuerdas cómo era tu hijo cuando estaba en la terrible
etapa de los dos años? ¡Multiplica eso por ocho
y añádele una licencia para conducir!»

LIZ TARPY

*Porque tú, oh Señor Jehová, eres mi esperanza,
seguridad mía desde mi juventud.*

Salmos 71:5 (RV 1960)

Aunque ser padres de <u>adolescentes</u> es un reto,
también puede ser muy divertido si en ocasiones
hacemos un tiempo para unirnos a su territorio.
Invítalos a salir (o aun mejor, ¡déjalos que manejen!),
a comer una hamburguesa, a jugar baloncesto
o ir a un museo de arte. Lo más importante
es disfrutar de un tiempo juntos y hablar
de cualquier cosa que ellos tengan en mente.

81

*U*n poquito de aburrimiento en la vida de tus hijos no es el fin del mundo. Los puede guiar a desarrollar ideas muy creativas o a descubrir un pensamiento maravilloso en un libro nuevo.

82

CHERI FULLER

Ningún simple mortal ha visto, oído ni imaginado las maravillas que Dios tiene preparadas para los que aman al Señor. Nosotros las conocemos porque Dios envió a su Espíritu a revelárnoslas.

1 Corintios 2:9, 10 (BD)

*C*uando tus hijos te digan quejándose «¡estoy aburrido!»
no corras a su rescate con un vídeo.

- Sugiéreles que limpien su ropero. ¡Solo una idea hace
maravillas para motivar su creatividad!

- Si nada funciona, sugiéreles que se preparen una merienda
especial y que vean los álbumes de las fotos de la familia.

83

*M*e alegra tanto que Corrie ten Boom nos diera a las madres y abuelas el número de teléfono privado de Dios: JE-333 (Jeremías 33:3) y que esté disponible para Sus hijos las 24 horas del día. Solo tienes que clamar y Él te responderá y te enseñará cosas grandes y ocultas que tú no conoces.

CHERI FULLER

*H*oy y todos los días marca el número privado del teléfono de Dios, cuando tengas preocupaciones acerca de tus hijos o cuando necesites sabiduría para tomar decisiones o para enfrentar los retos.

¡A Él le encanta escucharte cuando oras!

*C*uando una madre ora,
suceden cosas extraordinarias.

CHERI FULLER

Mi oración por (nombre del hijo/a) es que (él/ella)
reboce con más y más amor por otros, y que al mismo tiempo
siga creciendo espiritualmente en conocimiento y sabiduría,
porque quiero que vea claramente la diferencia
entre lo correcto y lo incorrecto, y que se mantenga limpio/a interiormente.

Salmos 51:10 (Adaptado)

*N*unca pierdas las esperanzas ni dejes de orar por tus hijos.
Ora específicamente para que Dios:

- les dé hambre de justicia,
- les permita ver los engaños de Satanás,
- los llene de amigos que los influirán positivamente hacia el Señor, y
- te fortalezca con Su amor incondicional, confianza y comprensión.

Personaliza tus oraciones poniendo el nombre de tus hijos en los pasajes de las Escrituras que comuniquen tus esperanzas y deseos para ellos.

87

*L*a confianza en sí misma es la seguridad
de la persona en sus habilidades para manejar
situaciones, resolver problemas, tratar con otros
eficientemente y completar las tareas.

RICHARD BAUMAN

*Muchas son las aflicciones del justo,
pero de todas ellas lo libra el Señor.*

Salmos 34:19 (BLA)

*C*uando tus hijos tengan que enfrentar dificultades
en los deportes o en la escuela, ora con ellos y pídele
a Dios *que use estas situaciones para desarrollar su
carácter.* Pide que tengan confianza en sí mismo
y que se desarrolle en ellos las cualidades de Jesús.
Y después, cuéntales cómo Dios también
está obrando en tu carácter.

89

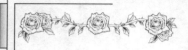

*L*os niños necesitan amigos que los alienten y apoyen. También necesitan saber que la amistad es como una cuenta de cheques, y solo funciona si continuamente se hacen depósitos.

CHERI FULLER

El amigo verdadero es siempre leal.
Proverbios 17:17 (BD)

El arte de hacer y mantener amigos se lo enseñas a tus hijos en la medida que ellos vean aumentar tus amistades a través de los años. Para crearles más conciencia respecto a los depósitos de la amistad con otro ser humano, anímalos a:

- Invitar a un compañero de clases a alguna actividad que tengas planeada.
- Asistir a las clases y actividades de la iglesia con sus compañeros.
- Escuchar a sus amigos para saber qué les gusta.
- Apresurarse a perdonar y aceptar disculpas.
- Ser fieles y no comentar los secretos que les confíen.

91

¿*Q*ué hacen las niñas que no tienen una mamá
que las ayude con sus problemas?

LOUISA MAE ALCOTT

Porque el Cordero que está en medio del trono los pastoreará,
y los guiará a fuentes de agua de vida;
y Dios enjugará todas lágrima de los ojos de ellos.

Apocalipsis 7:17 (RV 1960)

Algunas veces el mayor consuelo que podemos ofrecerles a nuestras hijas cuando están tristes o confundidas no es un consejo, sino comprensión y amor incondicional. La próxima vez que tu hija esté molesta, abrázala, escúchala y ora con ella.

93

*D*ios no nos consuela para nuestro beneficio,
sino para que consolemos a otros.

J.H. JOWLETT

Bendito sea el Dios y Padre de nuestro Señor Jesucristo,
Padre de misericordias y Dios de toda consolación,
el cual nos consuela en todas nuestras tribulaciones,
para que podamos también nosotros consolar
a los que están en cualquier tribulación,
por medio de la consolación con que nosotros
somos consolados por Dios.

2 *Corintios 1:3,4 (RV 1960)*

Consolar significa levantar el espíritu a alguien, darle fuerzas, alegría y esperanzas. Planea la manera de consolar hoy a alguien que pertenezca al mundo de tus hijos: Una maestra que acaba de salir del hospital, o un niño que todos los días después de la escuela esté solo.

Maternidad 101

*U*no de los mayores desafíos para los padres
es ayudar a nuestros hijos, en la enseñanza secundaria,
a desarrollar las habilidades del pensamiento crítico
y mantener un diálogo abierto con ellos acerca de
los problemas y las situaciones que enfrentan.

96

WENDY FLINT

*El que tiene sabiduría de Dios es en primer lugar puro. Además es pacífico, amable,
benigno, misericordioso, bondadoso con los demás, entusiasta, franco y sincero.*

Santiago 3:17 (BD)

Cuando tus hijos digan y hagan lo contrario
a los valores que les enseñaste:

- Razona con ellos en vez de reaccionar violentamente.

- Ayúdalos a pensar en eso haciéndoles preguntas.

- Anímalos a hablar con Dios al respecto.

  Recuerda, si pensamos por ellos y somos tan estrictos
  que les impedimos desarrollarse, tal vez los apartemos
  del hogar y los alejemos de Dios.

Recuerda que Jesús, aunque está a la puerta
y llama, no la va a romper.

DAVID SEAMANDS

Porque el que pide recibe. Y el que busca, halla.
Y al que llama, se le abrirá.

Mateo 7:8 (BD)

$\mathcal{C}$uando tus hijos cierren la puerta de la comunicación,
tú puedes:

- Tener paciencia y saber que es un comportamiento normal (especialmente cuando empieza la adolescencia).

- Seguir expresándoles amor en acción.

- Exteriorizar tu interés y deseo de escucharlos, diciéndoles, por ejemplo: «Estoy aquí por si quieres decirme algo. Yo quiero escucharte».

*I*gual que el amor a Dios empieza por el oír su Palabra, el amor por los hermanos empieza al aprender a escucharlos. Así es el amor de Dios por nosotros, no solo nos da su Palabra sino que también se presta a escucharnos.

DIETRICH BONHOEFFER

Señor, alzo mis manos al cielo e imploro tu ayuda.
¡Ay, escucha mi clamor!

Salmo 28:2 (BD)

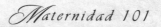

*C*uando tus hijos quieran hablar, escúchalos.
No trates de controlar la conversación y piensa
detenidamente antes de responder
a lo que están diciendo.

* *U*na madre entiende lo que su hijo *no* dice. *

PROVERBIO JUDÍO

¡El Señor otorga sabiduría!
Cada una de sus palabras es un tesoro de conocimientos
y comprensión. Él da buen juicio a los justos, sus santos.

Proverbios 2:6,7 (BD)

¿Qué están tratando de decir hoy tus hijos con sus acciones, actitudes y expresiones que no pueden decir con palabras? Sé sensible a esas expresiones no verbales y ora para que el Señor te dé un corazón comprensivo.

$\mathscr{S}$i Jesucristo te mirara directamente a la cara y te preguntara: «¿Qué quieres?» ¿Qué le pedirías que hiciera por ti? Ahora piensa en tus hijos. ¿Qué te gustaría que Jesús hiciera por cada uno de ellos? ¿Qué le pedirías para ellos?

JEAN FLEMING

Y esta es la confianza que tenemos en él, que si pedimos alguna cosa conforme a su voluntad, él nos oye. Y si sabemos que él nos oye en cualquiera cosa que pidamos, sabemos que tenemos las peticiones que le hayamos hecho.

1 Juan 5:14, 15 (RV 1960)

*E*n tus momentos tranquilos, ora y utiliza los versículos que coinciden con las necesidades y los anhelos de tus hijos.
Por ejemplo:

- Primero de Crónicas 29:19 (parafraseado) «Dale a mi hijo un corazón íntegro, para que te obedezca hasta en los detalles más pequeños».

- Proverbios 2:20 (parafraseado) «Señor, protege a mi hija de amigos que la vayan a guiar por caminos equivocados; dale buenos amigos que la motiven a esmerarse para seguir la senda de los justos».

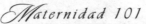

*N*ecesitamos enseñar a nuestros hijos a soñar con los ojos abiertos.

CHERI FULLER

El sabio piensa con anticipación.
Proverbios 13:16 (BD)

$\mathcal{D}$edica un tiempo para que la familia exprese sus anhelos, así cada uno podrá exteriorizar los sueños para el futuro:

- ¿Qué quieres ser cuando seas grande?

- ¿Qué quieres de la vida: Viajar, tener aventuras, una familia grande?

- ¿Qué te imaginas estar haciendo dentro de diez o veinte años?

107

A través de los años, con el constante estímulo de mi madre, tanto Curtis como yo, empezamos a creer que verdaderamente podíamos hacer cualquier cosa que quisiéramos hacer... que lo haríamos muy bien y que tendríamos mucho éxito en lo que emprendiéramos. Incluso hoy, en mi cabeza, con claridad puedo escuchar su voz diciéndome: «Bennie, tú puedes hacerlo. No lo dudes ni por un segundo», «Bennie, tú no naciste para fracasar», o una de sus frases preferidas: <u>«Solo pídeselo al Señor y Él te ayudará»</u>.

DR. BEN CARSON

*S*iempre cree en tus hijos, no importa cuáles sean
sus limitaciones o sus luchas. Permite que tu
esperanza y confianza en sus logros se muestren
en la manera en que les hablas.

*U*na idea es algo muy frágil. No la apagues.

AUTOR DESCONOCIDO

El hombre inteligente está siempre atento a las ideas nuevas.
En realidad, las busca.

Proverbios 18:15 (BD)

Si esta semana tus hijos tienen alguna «idea brillante», piensa en cómo ayudarlos a encenderla en lugar de apagarla. Si hoy no hay tiempo para trabajar en ella, diles que la escriban en una tarjeta y que la pongan en la tablilla para notas bajo «cosas que hacer». Juntos pueden pensar en los materiales que van a necesitar para realizar dicha idea y llévalos a la biblioteca para obtener más información.

112

$\mathscr{C}$on frecuencia se habla del juego como si fuera
un descanso del aprendizaje en serio.
Pero para los niños, jugar es un aprendizaje serio.
Jugar es el verdadero trabajo de la niñez.

MR.(FRED) ROGERS

Hasta el niño revela su carácter por lo que hace,
si sus acciones son puras y correctas.

Proverbios 20:11 (BD)

roporciona a tus hijos una caja grande para hacer
una casita de juegos, un fuerte o un «escondite».
Luego asegúrate de que tengan
algún tiempo libre para jugar.

113

*E*l fracaso puede ser el trampolín al éxito, cuando ayudamos a los niños a aprender a enfrentarse con los reveses y errores, sin destruirse.

114

CHERI FULLER

Podemos hacer planes,
pero el resultado final está en las manos de Dios.
Proverbios 16:1 (BD)

uando un experimento o proyecto no salga bien, di: «Está bien, también los científicos fracasan en sus intentos por triunfar. Mira a Jonas Salk, fracasó innumerables veces antes de descubrir la vacuna contra la polio, o a Thomas Edison, fracasó cientos de veces antes de inventar el bombillo». Ya sea al desaprobar un examen final después de haber estudiado mucho o no clasificar para el equipo de fútbol, asegúrale a tu hijo que él es un miembro de la familia muy valioso, amado y que estás orgullosa de sus esfuerzos. Finalmente ayúdalo a preguntarse a sí mismo: «¿Qué puedo aprender de esto?» y a seguir adelante.

115

*S*i no puedes dormir, no cuentes ovejas...
habla con el Pastor.

RUTHANN WINANS

¿No se venden cinco pajarillos por dos cuartos?
Con todo, ni uno de ellos está olvidado delante de Dios.
Pues aun los cabellos de vuestra cabeza están todos contados.
No temáis, pues; más valéis vosotros
que muchos pajarillos.

Lucas 12:6, 7 (RV 1960)

116

$\mathcal{C}$uando algo te desvele:

- Entrégalo en oración, en lugar de aguantar la carga.

- Escribe tu oración.

- Lee los Salmos.

El Dios, que no pierde de vista a un solo pajarillo,
sabe cuántos cabellos tienes en la cabeza, y se preocupa
más por tus asuntos que incluso tú mismo.

118

*L*os niños tienen una característica similar
a la avena. Cuando se calientan físicamente,
sus sentimientos y pensamientos burbujean
en la superficie.

CHERI FULLER

¡Gracias [Dios] por haberme hecho tan admirablemente complicado!
Salmos 139:14 (BD)

*P*rocura que tu hijo participe regularmente
en alguna actividad física: Tírale
la pelota de fútbol o de béisbol, juega ping-pong
con él, o den un paseo rápido. ¡Estos son grandes
estimulantes para la comunicación!

119

*H*oy toma un momento para escuchar lo que tus
hijos están tratando de decir. Escúchalos hoy,
no importa lo que estés haciendo,
y ellos volverán para escucharte.

AUTOR DESCONOCIDO

*La sabiduría y el buen juicio viven juntos,
porque la sabiduría sabe dónde descubrir
los conocimientos y la comprensión.*

Proverbios 8:12 (BD)

stos son algunos consejos para mejorar la habilidad de escuchar:

- Mira a tu hijo/a y presta atención a sus palabras y a su lenguaje corporal.
- Procura estar disponible para hablar, incluso sobre temas delicados, sin reaccionar violentamente.
- Cuando tus hijos quieran hablarte y estés ocupada o no les puedas prestar toda la atención, explícales por qué no puedes escucharles en ese momento y fijen una hora para hablar más tarde.
- En silencio ora por ellos y pídele a Dios que ponga Sus pensamientos en tu mente y que te enseñe cómo responder a lo que te digan.

121

*U*na manera de cultivar en los niños el gusto por la música cristiana es hablándoles sobre una canción que represente un testimonio. Debe ser una canción que exprese tu amor por Dios y describa tu andar con el Señor... Esto permitirá que alguien comprenda por qué tú amas a Jesús. Todo cristiano debe tener una canción con un testimonio.

122

AL MENCONI

Procuren que sus actos demuestren que aman la verdad
y que se han entregado por completo a ella.

Tito 2:7 (BD)

𝒫ídeles a tus hijos cinco minutos de su tiempo.
Enséñales una canción que signifique mucho para ti
y déjalos leer la letra mientras tocas la música.
Luego pídeles que toquen una que tenga mucho
significado para ellos.

123

A medida que nuestros hijos crecen y gradualmente perdemos el control directo sobre ellos, a medida que sus alas se fortalecen y comienzan a volar fuera del nido, haciendo vuelos cortos, hasta que se van a la universidad y más alla; nuestras oraciones son el viento por debajo de sus alas.

124

CHERI FULLER

Hijo mío, dedícate a conocer al Dios de tus padres;
adóralo y sírvele con un corazón limpio y una mente rendida a Él,
porque el Señor ve todo corazón, y entiende y conoce todo pensamiento.

2 Crónicas 28:9 (BD)

Ya sea que tu hijo te complazca o te decepcione con sus decisiones y conducta, si está o no alcanzando éxitos, persevera en oración para que ocurran cambios en su corazón. Para que sus intereses cambien de lo mundano a Jesús y para que tenga protección luego de tomar decisiones negativas que afectarán su futuro.

125

*L*a aventura en sí misma vale la p~~e~~na.

ESFUERZO

AMELIA EARHART

Yo te instruiré, dice el Señor, y te guiaré por el camino mejor para tu vida;
yo te aconsejaré y observaré tu progreso.

Salmos 32:8 (BD)

126

*C*onversa con tus hijos acerca de alguna aventura
que siempre hayan querido tener: Escalar una
montaña, una noche de excursión a pie, o cualquier
cosa que para ellos signifique una «aventura».
Ayúdalos a imaginar su aventura. Anímalos a leer
al respecto, ahorrar para eso y anticipar
la realización de la aventura.

127

 $\mathcal{L}$ as metas permanecen como sueños hasta que tú las comentas con alguien que se interesa por ti.

PAULA NELSON

La luz de los ojos alegra el corazón, y la buena nueva conforta los huesos.
Proverbios 15:30 (RV 1960)

Habla con tu hijos sobre el futuro. Cuáles son sus sueños
y esperanzas. Cómo puedes ayudarlos a establecer, planear
y trabajar por esas metas (como por ejemplo tomar cursos
en la escuela o adquirir experiencia en la comunidad)
de maneras que los guíen a alcanzarlas. Hablar sobre
las aspiraciones y escuchar el estímulo de otros no solo nos
hace responsables, sino que además hace los sueños realidad.

129

130

*P*ara esperarnos ella siempre se inclinaba,
Si llegábamos tarde, estaba ansiosa
mirando por la ventana, en el invierno
y por la puerta, en el verano.

MARGARET WIDDEMER

*Sí, Señor; que tu amor nos rodee perennemente,
porque solo en ti reposa nuestra esperanza.*

Salmos 33:22 (BD)

Los niños nos necesitan en los momentos más imprevistos
y a veces inconvenientes. Algunas veces inmediatamente
después de la escuela, o a media noche luego de una salida.
Proponte estar ahí, disponible, escuchando y preocupándote.
Es ahí donde ellos se abren y hablan sobre lo que piensan,
sienten, lo que los lastima y con lo que sueñan. Estos son los
«momentos importantes» para comunicarse con los padres.
¡No los desperdicies!

*N*o temas al futuro. Ya Dios está allá.

AUTOR DESCONOCIDO

Lámpara es a mis pies tu palabra, y lumbrera a mi camino.
Salmos 119:105 (RV 1960)

132

*C*ada vez que dobles las medias de tus hijos,
ora por ellos en silencio para que Dios siempre guíe
sus pasos e ilumine sus caminos.

*A*ta tus hijos a ti y huirán o se transformarán en piedras. Dales alas y las usarán para volver a ti.

ANGELA BARRON MCBRIDE

Joven, la juventud es un tesoro.
¡Disfruta cada minuto de ella! ¡Haz cuanto se te antoje!
Pruébalo todo, pero sabe que tendrás que rendirle cuentas
a Dios de cuanto hagas.

Eclesiastés 11:9 (BD)

*D*éjales saber a tus hijos mayores que los estás preparando para valerse por sí mismos. Enséñales cómo administrar el dinero ayudándolos a abrir una cuenta de cheques. No vayas corriendo para la escuela secundaria con la tarea o el dinero del almuerzo que se les olvidó, déjalos que aprendan a enfrentar sus responsabilidades y errores.

as vidas de los niños son nuestros jardines. Solo si alguien las cultiva seguirán siendo jardines, en lugar de campos silvestres. Pero en el hecho de que ellos necesitan de este cuidado, de esta «deshierba y poda,» atestiguan la gloria de Dios, porque como un jardín, rebosan de vida. Y como un jardín, superarán nuestras expectativas si se lo permitimos.

MARTI GARLETT

Porque: Toda carne es como hierba, y toda la gloria del hombre como flor de la hierba. La hierba se seca, y la flor se cae; mas la palabra del Señor permanece para siempre.

1 Pedro 1:23, 24 (RV 1960)

*U*na de las mejores formas de cultivar el jardín de las vidas de tus hijos es reconocer las diferencias y los patrones de aprendizaje de cada uno y enseñarlos de manera tal que los ayudes a «agarrar» mejor los conceptos. Si leer el capítulo asignado no funciona, grábaselos, así lo pueden escuchar y seguir adelante. Si no memorizan las tablas de multiplicar tan rápido como otros niños, déjaselas practicar oralmente mientras juegan con la pelota de baloncesto.

El hogar reside donde amamos,
el hogar que nuestros pies pueden dejar,
pero nunca nuestros corazones.

OLIVER WENDELL HOLMES, PADRE

*Ten una habitación lista para mí, pues espero que Dios
contestará tus oraciones y permitirá que pronto vaya a verte.*
Filemón 22 (BD)

*C*uando ya estás casi recuperada por la tristeza de su partida, ¡tu estudiante universitario regresará! El primer verano de vacaciones puede ser un poquito difícil. Pero estas ideas te ayudarán a sobrellevarlo:

- Conversen y establezcan algunas reglas para los quehaceres diarios (lavado, horarios, etc.).

- Reúnanse de vez en cuando para cenar y disfrutar de un tiempo juntos.

- Sé paciente cuando notes cambios en ellos que tú no «ordenaste». Acéptalos y ámalos.

- Sé espontánea y genera experiencias memorables; ¡el verano pasará volando!

El corazón de una madre
es el salón de clases de un niño.

HENRY WARD BEECHER

*Oro para que vayan comprendiendo lo increíblemente inmenso
que es el poder con que Dios ayuda a los que creen en Él.*

Efesios 1:19 (BD)

Enseña a tus hijos a consultarle todo a Dios:
Actividades, lecciones, deportes y amistades.
Desde pequeños anímalos a orar por sus estudios
universitarios, una inclinación por su vocación
y por una buena pareja para su vida.

141

$\mathscr{S}$on muchas las personas que aplazan algo que les traerá felicidad solo porque no lo tienen en sus planes, no lo esperaban, o porque son muy estrictos para apartarse de la rutina.

Erma Bombeck

No te niegues a hacer el bien a quien es debido,
cuando tuvieres poder para hacerlo.

Proverbios 3:27 (RV 1960)

$\mathscr{C}$uando tus hijos o tus adolescentes digan:
«¡Vamos a un centro comercial!» o
«Vamos a quedarnos en casa, haremos palomitas
de maíz y veremos juntos una vieja película» o
«Vamos a jugar barajas o algún juego de mesa», o
«¡Vamos al lago a patinar!» Aprovecha el momento
(especialmente si tienes patines) y disfruten el tiempo
juntos. En lugar de dar excusas, ¡hazlo ahora!

143

144

as preocupaciones no quitan las penas del mañana. Pero sí quitan la fortaleza de hoy.

CORRIE TEN BOOM

No se afanen por nada; más bien oren por todo.
Presenten ante Dios sus necesidades y
después no dejen de darle gracias por sus respuestas.

Filipenses 4:6 (BD)

*Q*uítate todas las preocupaciones que tengas hoy
referente a las finanzas, la salud, los niños o cualquier
otra cosa. En tu imaginación derrámala,
como se vacía una jarra, a los pies de Jesús.
Ahora llena tu jarra con su paz y amor.

145

*C*uando los adolescentes están apartándose y probando los límites, con frecuencia los padres se retraen o se distancian. ¡Pero es importante que los padres no se hagan a un lado ni rompan la relación! Los adolescentes no están completamente listos emocional ni financieramente para independizarse.

146

ADELE FABER

Me siento feliz de haber encontrado por aquí algunos de tus hijos, y ver que siguen la verdad y obedecen los mandamientos de Dios.

2 Juan 4 (BD)

Trata de imaginar tu relación de padre-adolescente como si fueran dos personas tirando fuertemente de cada punta de una soga. Si sigues tirando y él/ella también, se irán acercando al centro. Si sueltas la soga, la otra persona se caerá y se lastimará. Lo peor es que los adolescentes terminan creyendo: «No le importo a mis padres». ¡Sigue sujetando fuerte tu punta de la soga!

Las palabras tienen el poder de levantar o rebajar
la autoestima de los niños, de lastimarlos
o inspirarlos, de alegrarlos o de desanimarlos.
¡Escoge tus palabras con sabiduría!

CHERI FULLER

La muerte y la vida están en poder de la lengua,
y el que la ama comerá de su fruto.

Proverbios 18:21 (RV 1960)

148

Fíjate muy bien en las palabras que cada día les dices a tus hijos. ¿Les dan vida (aumentan su confianza y un sentido de ser amados) o muerte (demuelen su autoestima y los lastiman verbalmente)? Déjales saber que tú piensas lo mejor de ellos.

149

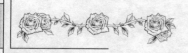

150

Las últimas palabras que se le digan a un niño antes de una prueba son las que siempre recordarán.

JOHN ANDERSON

Con la ayuda de Cristo, que me da fuerza y poder,
puedo realizar cualquier cosa que Dios me pida realizar.

Filipenses 4:13 (BD)

Exactamente antes de tocar un solo de violín, tomar un examen importante o participar en una competencia deportiva, asegúrate de decirles algo positivo a tus hijos que les inspire confianza.

151

152

*N*o tuve a mi madre por mucho tiempo, pero la influencia que depositó en mí perduró toda la vida... Si no hubiera sido por el cariño y la fe que me mostró en los momentos más críticos, es posible que nunca llegara a ser un inventor. Siempre fui un niño descuidado... Pero su firmeza, dulzura y bondad fueron poderes potentes para mantenerme en el camino correcto.

THOMAS A. EDISON

Procuraré marchar sin tacha por tu senda, ¡pero cuánto necesito de tu ayuda, especialmente en mi propia casa, en donde anhelo conducirme como debo!

Salmos 101:2 (BD)

Algunas de las experiencias más desafiantes
para un niño pueden poner de manifiesto sus
fortalezas mayores cuando sea un adulto.
Muestra confianza en tus hijos y en sus dones:
Determinación, curiosidad, lógica, ingenio
y creatividad. Siempre confía en ellos aunque nadie
más lo haga. Nunca se sabe, cuando sus dones se desarrollen
¡tal vez tengas a otro «Edison» en el hogar!

153

154

*E*n la búsqueda del jardín de mi madre,
encontré el mío.

ALICE WALKER

Todos los creyentes estamos cuidadosamente unidos en Cristo
y formamos parte del hermoso y siempre creciente Templo de Dios.
Ustedes, pues, unidos en Él, forman también parte de ese lugar
en que Dios mora por medio de su Espíritu.

Efesios 2:21, 22 (BD)

*M*ira tu calendario: ¿Hay algún espacio vacío? ¿Algún espacio en blanco únicamente para estar juntos, pararse a oler las flores en el jardín, disfrutar algo que te fascina o sencillamente sentarse junto al fuego a leer o a conversar? Disfruta ese tiempo y comparte el amor con alguien que aprecies mucho.

155

$\mathscr{C}$uando nuestro hijo menor se fue para la universidad...
no estábamos preparados para el dolor de la partida. Cuando
nosotros, como padres, decíamos: «Algún día vas a ser
grande», queríamos decir un día en un futuro lejano. ¡No hoy!
La agridulce verdad es: Que los días pasan demasiado rápido.

MARY JANE CHAMBERS

Hijitos míos, que nuestro amor no sea solo de <u>palabra</u>;
amemos de <u>veras</u> y <u>demostrémoslo</u> con hechos.

1 Juan 3:18 (BD)

156

Ese abrazo que quieres darle a tu hijo, dáselo hoy.

La verdad que le quieres confiar, dísela hoy.

La disculpa que te gustaría darle, dásela hoy.

La oportunidad de decirle: «Te quiero», díselo ahora.

157